Hans-Martin Lübking

W0045078

DAS BESTE IM LEBEN BEKOMMST DU GESCHENKT

Evangelisch aus guten Gründen

Luther-Verlag

Bibliographische Information der Deutschen Nationalbibliothek
Die Deutsche Nationalbibliothek verzeichnet diese Publikation
in der Deutschen Nationalbibliographie; detaillierte bibliographische
Daten sind im Internet über http://dnb.d-nb.de abrufbar.
ISBN 978-3-7858-0731-6

Umwelthinweis:
Dieses Buch wurde auf chlorfrei gebleichtem Papier gedruckt.
© Luther-Verlag, Bielefeld 2018

Das Werk einschließlich aller seiner Teile ist urheberrechtlich geschützt.
Jede Verwertung außerhalb der engen Grenzen des Urheberrechts ist
ohne Zustimmung des Verlages unzulässig und strafbar.
Das gilt insbesondere für Vervielfältigungen, Übersetzungen, Mikro-
verfilmungen und die Einspeicherung und Verarbeitung in elektronischen
Systemen.

Satz und Umschlaggestaltung: Luther-Verlag, Bielefeld
Druck und Bindung: Rosch-Buch Druckerei GmbH, Scheßlitz
Printed in Germany

INHALT

Evangelisch
aus
guten Gründen

Vorwort

»Warum sind Sie in der Kirche?« Oft antworten Kirchenmitglieder auf diese Frage:

- »Weil sie etwas für Arme, Kranke und
  Bedürftige tut«,
- »weil sie wichtige ethische Werte vertritt«,
- »weil mir der christliche Glaube etwas
  bedeutet«

oder

- »weil sie zum Zusammenhalt der Gesellschaft
  beiträgt«.

Der eigene Glaube ist etwas Persönliches. Er hat etwas
mit dem eigenen Leben und mit persönlichen Erfahrungen zu tun.

Trotzdem ist es aber wichtig, dass man auch Gründe
angeben kann, die einem selbst einleuchten. Der
Glaube braucht auch Argumente. Wer seinen Glauben
in Worte fassen kann, wird selbst erkennbar. Wer über
den eigenen Glauben Auskunft geben kann, kann sich
auch mit Menschen anderer Religionen verständigen
und so zur Toleranz in der Gesellschaft beitragen.

Für den christlichen Glauben, auch für die Zugehörig-
keit zur Evangelischen Kirche, gibt es gute Gründe.
Einige davon werden auf den folgenden Seiten vor-
gestellt und erläutert.

1. Das Leben hat einen Sinn

Irgendwann fragt jeder nach dem Sinn seines eigenen Lebens. Woher kommt diese Welt, wohin geht sie? Ist mit dem Tod alles aus? Wofür lohnt es sich zu leben? Woran kann ich mich letztlich halten, wenn es mal hart auf hart kommt?

Bisher ist noch kein Volk auf der Erde entdeckt worden, das keine Religion gehabt hätte. Wir spüren, dass es mit dem, was wir sehen, begreifen und beweisen können, allein noch nicht getan ist.

Der Philosoph Ludwig Wittgenstein formuliert pointiert:

»An einen Gott glauben, heißt sehen, dass es mit den Tatsachen der Welt noch nicht abgetan ist. An Gott glauben, heißt sehen, dass das Leben einen Sinn hat.«

> Die Kirche bewahrt eine Wahrheit, die Menschen sich nicht selbst sagen können. Sie erinnert an Gott als Geheimnis der Welt und Ursprung des Lebens. Sie sorgt dafür, dass die Geschichte des Jesus von Nazareth nicht in Vergessenheit gerät. Daraus erwachsen Maßstäbe für ein sinnvolles, menschliches und verantwortungsbewusstes Leben.

Als Christen glauben wir, dass Gott diese Welt geschaffen hat und am Leben erhält. Er hat auch uns ins Leben gerufen. Jeder ist zu einem erfüllten, sich lohnenden Leben bestimmt. Das Leben ist weder harmonisch noch idyllisch, die Begegnung mit Unglück und Tod bleibt niemandem erspart. Aber das Leben ist ungeheuer interessant und es lohnt sich zu leben. Auch der Tod kann den Wert dieses Lebens nicht zunichte machen.

Das Zentralwort des Lebens heißt Liebe.
Als ein von Gott geliebter Mensch leben und diese Liebe an andere Menschen weitergeben – darin besteht der Sinn des Lebens.

»Niemand hat Gott jemals gesehen.
Wenn wir einander lieben,
bleibt Gott in uns
und seine Liebe ist unter uns
zu seinem Ziel gekommen …
Gott ist Liebe;
und wer in der Liebe bleibt,
der bleibt in Gott
und Gott in ihm.«

1. Johannes 4,12.16

» Einmal wird uns gewiss
die Rechnung präsentiert
für den Sonnenschein
und das Rauschen der Blätter,
die sanften Maiglöckchen
und die dunklen Tannen,
für den Schnee und den Wind,
den Vogelflug und das Gras
und die Schmetterlinge,
für die Luft, die wir
geatmet haben, und den
Blick auf die Sterne
und für alle die Tage,
die Abende und die Nächte

Einmal wird es Zeit,
dass wir aufbrechen und
bezahlen;
bitte die Rechnung.
Doch wir haben sie
ohne den Wirt gemacht:
Ich habe euch eingeladen,
sagt der und lacht,
Es war mir ein Vergnügen.«

Lothar Zenetti,
katholischer Theologe

2. Wer mit Gott rechnet, hat Hoffnung

Leben heißt hoffen: Ohne Hoffnung kann kein Mensch leben. Doch worauf hoffen wir?

Niemand weiß, wie die eigene Zukunft aussieht. Wenn die Hoffnung nicht ins Leere gehen soll, braucht sie eine gute Begründung.

Wer mit Gott rechnet, hat Grund zur Hoffnung. Uns regiert kein blindes Schicksal, sondern ein Gott, der es gut mit uns meint. So können wir hoffen, dass wir selbst und unser Leben im Tod nicht einfach verlöschen, sondern in Gottes Ewigkeit geborgen und aufbewahrt werden.

> Die Kirche lebt von einer Hoffnung, die über den Tod hinausreicht. Sie verkündet die Botschaft von der Liebe Gottes, die dem menschlichen Leben einen Sinn verleiht, der auch durch Erfahrungen von Leid und Schuld hindurchtragen kann.

Hoffnung prägt das Leben. Christliche Hoffnung schenkt Gelassenheit und Zuversicht. Wer an Gott glaubt, kann den Tod nicht für das Ende halten.

Christen vertrauen darauf, dass Gott größer ist als der Tod und den Menschen an der Grenze des Todes erwartet. Im Leben wie im Tod können wir niemals tiefer fallen als in Gottes Hand.

»Und ob ich schon wanderte im finstern Tal,
fürchte ich kein Unglück;
denn du bist bei mir,
dein Stecken und Stab trösten mich.«

Psalm 23,4

» Beim Einschlafen denke ich manchmal
Was wird mit mir sein, wenn ich nicht mehr aufwache?
Ich denke mir oft,
dass ich vor der Geburt
von meiner Mutter umgeben war,
in ihrem Leib, ohne sie zu kennen.
Dann brachte sie mich zur Welt,
und ich kenne sie nun und lebe mit ihr
So, glaube ich,
sind wir als Lebende von Gott umgeben,
ohne ihn zu erkennen. Wenn wir sterben,
werden wir ihn erfahren,
so wie ein Kind seine Mutter,
und mit ihm sein.
Warum soll ich den Tod fürchten?«

Carl Zuckmayer,
Schriftsteller

3. Als Geschöpf Gottes hat jeder Mensch eine unverlierbare Würde

Es gibt große Unterschiede zwischen den Menschen – zwischen Armen und Reichen, Einheimischen und Fremden, Gesunden und Kranken.

In der Gesellschaft werden sie nicht alle gleich behandelt, sie haben nicht dieselben Chancen. Doch jeder Mensch sehnt sich nach Anerkennung.

> **Die Kirche weiß um die Würde und den Wert jedes einzelnen Menschen, egal wer er oder sie ist und was er oder sie geleistet hat.**
> **Vor Gott sind alle gleich, deswegen darf jeder in der Kirche so kommen, wie er oder sie ist.**

Als Christen wissen wir, dass wir letztlich von der Gnade Gottes leben. Wir denken oft: Du bekommst im Leben nichts geschenkt. Was du wert bist, zeigt sich daran, was du aus deinem Leben gemacht hast.

Die Bibel sagt genau das Gegenteil: Das Beste im Leben bekommst du geschenkt. Du musst dir und anderen nicht ständig beweisen, wie gut du bist.

Die Sorge hat Gott dir längst abgenommen. Er sagt »JA« zu dir, egal wer du bist oder was du aus deinem Leben gemacht hast.

In der Kirche wird darum jeder Mensch ernst genommen – mit seinen Stärken und Schwächen. Er wird nicht nach seinem Glauben beurteilt noch nach seinen Leistungen für die Kirche. Jeder ist wertvoll.

»Hier ist nicht Jude noch Grieche,
hier ist nicht Sklave noch Freier,
hier ist nicht Mann noch Frau;
denn ihr seid allesamt
eins in Christus Jesus.«

Galater 3,28

Es geht kein Mensch über die Erde, den GOTT NICHT liebt

Es geht kein Mensch über diese Erde,
den Gott nicht liebt.«

Friedrich von Bodelschwingh,
Pfarrer und Leiter von Bethel

4. Die Kirche begleitet Menschen von der Geburt an bis in den Tod

In den besonderen Augenblicken des Lebens wird nach der Kirche gefragt: Wenn in der Familie ein Kind geboren wird, wenn ein nahestehender Mensch stirbt, wenn man heiraten möchte, wenn die Kinder erwachsen werden, wenn man selbst schwer erkrankt oder von einer schweren Last gequält wird, wenn die alten Eltern Goldene Hochzeit feiern oder zu Weihnachten, wenn die ganze Familie zusammen ist.

An den wichtigen Stationen des Lebens, bei Geburt und Tod, im Glück und bei Krankheit, im Alter und bei wichtigen Lebensereignissen begleitet die Kirche Menschen. Sie tröstet und dankt und hilft den Menschen mit den Erfahrungen, Formen und Riten einer zweitausendjährigen Geschichte, ihre Krisen, Höhepunkte und besonderen Ereignisse würdevoll zu feiern und zu bewältigen.

In der Evangelischen Kirche werden jedes Jahr gut 180.000 Kinder getauft. Rund 215.000 Jugendliche entscheiden sich jährlich für die Konfirmation. Fast

50.000 Paare werden kirchlich getraut. Und etwa 290.000 verstorbene Menschen werden jedes Jahr in der Evangelischen Kirche bestattet.

Der seelsorgerliche Beistand, mit dem Pfarrerinnen und Pfarrer sowie andere kirchliche Mitarbeitende die Menschen durch ihr Leben begleiten, ist dagegen statistisch nicht erfassbar – und letztlich unbezahlbar.

Es ist ein Unterschied, ob ein neugeborenes Kind nur auf dem Standesamt angemeldet und registriert oder ob es auch getauft wird. Und ebenso macht es einen Unterschied, ob eines Verstorbenen schweigend gedacht wird oder ob durch eine christliche Bestattung ein zugleich würdiger und hoffnungsvoller Abschied von einem Verstorbenen ermöglicht wird.

Die Religion leiht dem Menschen eine Sprache für Dankbarkeit und Trost, für Gnade und Vergebung, für Hoffnung und Begeisterung. Sie gibt dem Leben eine Bedeutung, eine Würde.

»Denn er hat seinen Engeln befohlen,
dass sie dich behüten
auf allen deinen Wegen.«

Psalm 91,11

Es läuft eine Linie durch unsere Jahre,
gezogen von einer sicheren Hand.
Nichts geschieht ›einfach so‹.
Was um uns her geschieht, redet uns an.
Was wir erfahren, will uns ändern.
Was uns begegnet, ist ein Geschenk.
Alle Wahrheit, die wir verstehen,
alle Lebenskraft hat uns einer zugedacht.
Was uns zufällt, was wir Zufall nennen,
fällt uns aus einer gütigen Hand zu.«

Jörg Zink
Pfarrer und Schriftsteller

5. Barmherzigkeit statt soziale Kälte

Viele Menschen in der Gesellschaft sind auf Hilfe und Unterstützung angewiesen. Von der Kirche wird zu Recht erwartet, dass sie sich um die Sorgen und Probleme der Menschen kümmert. Der christliche Glaube steht dafür, dass jeder Mensch nicht nur sein Auskommen hat, sondern noch mehr bekommt: persönliche Zuwendung, Barmherzigkeit und Liebe. Das Gebot der Nächstenliebe ist für die Kirche eine unaufgebbare Verpflichtung.

> Die Kirche ist der Ort in der Gesellschaft, wo jeder, der in Not geraten ist oder Hilfe braucht, einen Anspruch darauf hat, gehört zu werden. Wer in der Kirche mitwirkt, übt Solidarität mit den Armen und unterstützt die vielfältige soziale Arbeit der Kirche.

Zu den zentralen Aufgaben der Kirche gehört es, für schwache und in Not geratene Menschen Partei zu ergreifen, ihnen Schutz zu bieten und für ihre Rechte einzustehen, damit sie ein Leben in Würde führen können.

Diakonie ist die Sozialarbeit der Evangelischen Kirche. Von der Altenhilfe bis zur Bahnhofsmission arbeiten mehr als eine Million Menschen haupt- und ehrenamtlich in den verschiedenen Arbeitsfeldern der Diakonie. Ohne die vielen Einrichtungen und Angebote von Diakonie und Caritas ist der Sozialstaat in Deutschland nicht mehr denkbar.

Wer die Kirche unterstützt, übt Solidarität mit den Schwachen und hilft an den sozialen Brennpunkten vor Ort und in der Welt.

»Wenn es Brüder und Schwestern
bei euch gäbe, die nichts anzuziehen
hätten und hungern müssten,
und jemand von euch sagte zu ihnen:
Ich wünsche euch das beste; ich hoffe,
dass ihr euch warm anziehen
und satt essen könnt – er gibt ihnen
aber nicht, was sie zum Leben brauchen.
Was könnte ihnen das helfen?
Genauso ist es mit dem Glauben:
Wenn aus ihm keine Taten hervorgehen,
dann ist er tot.«

Jakobus 2,15–17

》

Wenn einer zu dir kommt
und von dir Hilfe fordert,
dann ist es nicht an dir,
ihm mit frommem Mund
zu empfehlen: ›Habe Vertrauen
und wirf deine Not auf Gott‹,
sondern dann sollst du handeln,
als wäre da kein Gott,
sondern auf der ganzen Welt nur einer,
der diesem Menschen helfen kann –
du allein.«

Martin Buber
jüdischer Religionsphilosoph

6. Kirche für die Welt

Der christliche Glaube verträgt sich nicht mit dem
Rückzug nur noch ins Privatleben. Dass die Schere
zwischen Armut und Reichtum bei uns und weltweit
immer weiter aufgeht, die soziale Herkunft weitgehend
über die Bildungschancen entscheidet, Millionen
Menschen vor Bürgerkriegen und Hungerkatastrophen
fliehen oder unsere Kinder und Enkel die katastropha-
len Folgen der Erderwärmung ausbaden sollen – dar-
über werden sich Christen nicht beruhigen können.

> Die Kirche setzt sich für Frieden, Gerechtigkeit
> und die Bewahrung der Schöpfung ein. Sie wider-
> setzt sich der wachsenden Ungleichheit in der
> einen Welt.
> Wer zur Kirche gehört, übernimmt Verantwortung
> auch für die Verbesserung der Lebenschancen
> von Menschen in ärmeren Ländern.

Die Evangelische Kirche ist kein Selbstzweck, sie ist
Kirche für die Welt. Sie nimmt gesellschaftliche Verantwortung wahr und beteiligt sich an der Gestaltung des
demokratischen Gemeinwesens. »Ihre Einmischung

in öffentliche Angelegenheiten ist ausdrücklich er-
wünscht« (Johannes Rau, ehem. Bundespräsident).

Kontroverse, aber faire Debatten über wichtige gesellschaftliche und politische Themen sind darum auch
in der Kirche nicht nur erlaubt, sondern geradezu
wünschenswert.

Charakteristisch für den christlichen Glauben ist eine
grundsätzliche Anteilnahme an der Lebenssituation
nicht nur der Menschen in der eigenen Nachbarschaft,
sondern auch von Christen und Nichtchristen in
anderen Ländern. Christlicher Glaube ist von Anfang
an grenzüberschreitend. Darum kann die Solidarität
mit den Armen nicht an den Grenzen des eigenen
Landes aufhören.

»Tu deinen Mund auf für die Stummen
und für die Sache aller, die verlassen sind.
Tu deinen Mund auf
und richte in Gerechtigkeit
und schaffe Recht
dem Elenden und Armen.«

Sprüche Salomos 31,8–9

Rettung

Ein furchbarer Sturm kam auf. Das Meer tobte und meterhohe Wellen brachen sich ohrenbetäubend am Strand. Als das Unwetter nachließ und der Himmel aufklarte, lagen
am Strand unzählige Seesterne, die die Wogen auf den Sand gespült hatten.

Ein kleines Mädchen lief am Wasser entlang, nahm einen Seestern nach dem anderen in die Hand und warf ihn zurück ins Meer. Ein Spaziergänger sah das und sprach das Mädchen an: ›Ach, was du da machst, ist vollkommen sinnlos. Siehst du nicht, dass der ganze Strand voll von Seesternen ist? Die kannst du doch nicht alle zurück ins Meer werfen. Was du da tust, ändert nicht das Geringste!‹

Das Mädchen schaute den Mann an. Dann nahm sie den nächsten Seestern und warf ihn ins Meer.

›Für ihn wird es etwas ändern.‹«

7. Die vom Christentum geprägte Kultur am Leben halten

»Die christlichen Kirchen Deutschlands tragen mit ihren Museen, ihren Chören und Musikensembles, ihren öffentlichen Büchereien und Fachbibliotheken, ihren Bildungseinrichtungen und Baudenkmälern und vielem anderen mehr zum kulturellen Leben in unserem Land bei. Sie gehören zu den zentralen kulturpolitischen Akteuren Deutschlands. Die Kirchen setzen etwa 20 Prozent ihrer Kirchensteuern, Zuwendungen und Vermögenserlöse für ihre kulturellen Aktivitäten ein.«

Deutscher Bundestag, Enquete-Kommission »Kultur in Deutschland«, 2008

Die Kirche sorgt dafür, dass Sonn- und Feiertage erhalten bleiben, die Texte der Bibel gelesen werden, die Kirchenmusik gepflegt und alte Kirchen erhalten bleiben. Wer möchte, dass die christliche Kultur lebendig gehalten und an nachfolgende Generationen weitervermittelt wird, sollte die Kirche unterstützen.

Unsere Kultur und unsere Werte sind vom Christentum geprägt. Viele Menschen möchten, dass dies nicht verloren geht – auch wenn sie anderen Kulturen und Traditionen aufgeschlossen gegenüberstehen.

In einer pluralen Welt ist es die Kirche, die die vom Christentum geprägte Kultur am Leben hält. Sie sorgt dafür, dass die biblischen Geschichten nicht in Vergessenheit geraten und Kinder christlich erzogen werden. Die kirchlichen Feste und Feiertage prägen immer noch den Jahreslauf. Kirchen gehören zu den Wahrzeichen der Städte und Dörfer, mit denen sich die Menschen identifizieren – auch die, die nicht Kirchenmitglieder sind.

»Ich will meinen Mund auftun
und Geschichten verkünden aus alter Zeit.
Was wir gehört und erfahren haben,
was unsere Vorfahren uns erzählten,
das wollen wir unseren Kindern nicht verschweigen,
sondern der künftigen Generation erzählen:
den Ruhm des Herrn und seine Stärke,
die Wunder, die er getan hat.«

Psalm 78,2–4

Was würde passieren, wenn unsere Gesellschaft den christlichen Glauben und seine Traditionen völlig vergessen würde? ...

Ich mutmaße: Es käme zu einer Banalisierung des Lebens: Alles ist gleich, alles gleich egal ...

Die Grenze zwischen Schuld und Schicksal würde verschwimmen. Wo der Glaube aufhört, fängt der Aberglaube an, einschließlich des pseudowissenschaftlichen. Es würde etwas verschwinden, auf das ich jedenfalls nicht verzichten möchte: das Leben aus Dankbarkeit.«

Richard Schröder,
Theologe und Philosoph

8. Sinnvolle Mitarbeit

Die Kirche ist so lebendig wie das Interesse an ihr, die Mitsprache und Mitwirkung in ihr. Nach reformatorischem Verständnis sind Christen durch die Taufe dazu berufen und beauftragt, die Aufgaben der Kirche selbst zu übernehmen, zu beraten und zu entscheiden.

Dabei sollen Frauen und Männer, Junge und Alte aufgrund ihrer Begabungen und Fähigkeiten gleichberechtigt zusammenarbeiten. Die Kirche – das sind nicht »die da oben«, sondern »wir alle«.

In der Kirchengemeinde können Menschen Gemeinschaft finden, menschliche Anteilnahme und oft auch ein Stück Heimat. Die meisten Kirchengemeinden bieten Gelegenheit zu sinnvoller Mitarbeit – und die kann das eigene Leben sehr bereichern.

Die Kirchen gehören zu den größten Arbeitgebern in Deutschland, sie unterhalten mehr als die Hälfte aller Krankenhäuser und Kindergärten, sie sind die größten Träger freier Bildungseinrichtungen in Deutschland.

Allein in der Evangelischen Kirche sind etwa 700.000 Menschen hauptamtlich beschäftigt. Hinzu kommen weit über eine Million Menschen, die in den Gemeinden und in den Arbeitsfeldern der Diakonie ehrenamtlich mitarbeiten.

»Wir sind durch einen Geist
alle zu einem Leib getauft,
wir seien Juden oder Griechen,
Sklaven oder Freie,
und sind alle mit einem Geist getränkt ...«

1. Korinther 12,13

» *Was aus der Taufe gekrochen ist,*
das mag sich rühmen,
dass es schon zum Priester, Bischof
und Papst geweihet sei,
obwohl nicht einem jeglichen ziemt,
solch Amt zu üben.«

Martin Luther,
Reformator

9. Die Kirchen sind Orte der Ruhe und Besinnung

Viele gehen in die Kirche, zünden vielleicht auch eine Kerze an, um den »heiligen« Raum mit Kreuz und Altar auf sich wirken zu lassen.
Hier können sie für sich zur Ruhe kommen und abladen, was ihnen auf der Seele liegt, vielleicht auch ein kurzes Gebet sprechen. Hier kann die Seele durchatmen und Kraft schöpfen für den Alltag.

Die offenen Kirchen führen in eine andere Welt. Kirchen sind Orte, die Sinn eröffnen und auf Gott hinweisen – Orte der Gastfreundschaft und Zuflucht.

> Kirchen sind Orte der Ruhe und Besinnung.
> In einer Kirche kann man zur Ruhe kommen, sich selbst wieder spüren und Gott finden. Kirchen sind die letzten werbefreien Räume im Alltag. Sie bieten Schutz vor Lärm, Stress und Kommerz.

In ihren Räumen und Angeboten bietet die Kirche die Möglichkeit für Gespräch und Austausch, für Begegnung mit Menschen und Klärung von Fragen und Problemen.

Kirchen sind Räume für Freude und Feste ebenso wie für Klage und Trauer, um das Leben in seinen Höhen und Tiefen in das Licht des Glaubens zu rücken. Kirchen bieten Heimat auf dem Weg des Lebens.

»Der Herr segne dich und behüte dich.
Der Herr lasse sein Angesicht leuchten
über dir und sei dir gnädig.
Der Herr hebe sein Angesicht über dich
und gebe dir Frieden.«

4. Mose 6, 24–27

Rast

Gast sein einmal.
Nicht immer selbst
seine Wünsche bewirten
mit kärglicher Kost.
Nicht immer feindlich
nach allem fassen.
Einmal sich alles
geschehen lassen
und wissen:
was geschieht, ist gut.«

Rainer Maria Rilke,
Dichter

10. Dem Leben wieder mehr Tiefe geben

»Der Lärm der Welt macht Menschen taub und stumm vor Gott« (Wolfgang Huber, ehem. EKD-Ratsvorsitzender). Für viele Menschen sind es gerade der gottesdienstliche Raum, das stille Gebet, der Segen, das gemeinsame Vaterunser, die alten Bibeltexte oder die Kirchenmusik, in denen Gottes Wort für sie vernehmbar wird. Die Symbolwelt des Glaubens, die zentrale Lage der Kirchen in den Städten und Dörfern und nicht zuletzt der Rhythmus des Kirchenjahres wirken wohltuend in der Öffentlichkeit auch da, wo man den Worten der Kirche nicht mehr zuhört.

> Wer zur Kirche gehört, tritt für das ein, was unsere Seelen stärkt, auch wenn es wirtschaftlich keinen Profit bringt: die Stille und das Gebet, das Singen und den Gottesdienst, den Sonntag und das Lesen der Bibel, das Loben und Danken.

Die Kirchen sind Wachstumsorte für das, was nicht machbar ist, aber worauf eine Gesellschaft angewiesen ist, wenn sie menschlich bleiben will. In einer zweckbestimmten Welt treten Christen für den Schutz des

Sonntags ein, feiern Gottesdienste und Andachten, eröffnen Pilgerwege, bieten Räume der Stille an, bringen die Bibel ins Gespräch, fördern die Kirchenmusik und laden zu Kirchentagen ein.

Damit bieten sie vielen Menschen die Möglichkeit, ihrem Leben wieder mehr Tiefe zu geben.

»Was hülfe es dem Menschen,
wenn er die ganze Welt gewönne
und nähme doch Schaden
an seiner Seele?«

Markus 8,36

Eine Spinne lebte in ihrem Netz,
bis ihr gesagt wurde:

›Die Welt ist anders geworden,
du musst Altes aufgeben, du musst einsparen,
rationalisieren!‹

Umgehend erkundete sie ihr Netz.
Aber kein Faden war überflüssig,
jeder schien für das Geschäft dringend notwendig.

Sie suchte und suchte, bis sie schließlich doch
einen Faden fand:
Er lief senkrecht nach oben und hatte
noch nie eine Fliege eingebracht!

Also weg damit!
So biss sie den vermeintlich unnützen Faden ab.

Da fiel das ganze Netz in sich zusammen.
Es war nämlich der Faden,
an dem das Spinngewebe aufgehängt war.«

Christliche
Grundtexte

DAS GLAUBENSBEKENNTNIS

Das »Apostolische Glaubensbekenntnis« fasst mit wenigen Sätzen das Wesentliche des christlichen Glaubens zusammen. Früher glaubte man, dass es von den Aposteln verfasst worden sei. Es entstand jedoch im 4. Jahrhundert und wurde in Taufgottesdiensten von denen gesprochen, die sich bekehren und taufen lassen wollten.

Heute ist es das Bekenntnis, in dem alle christlichen Kirchen auf der Erde übereinstimmen.

Ich glaube an Gott,
den Vater, den Allmächtigen,
den Schöpfer des Himmels und der Erde.

Und an Jesus Christus,
seinen eingeborenen Sohn, unsern Herrn,
empfangen durch den Heiligen Geist,
geboren von der Jungfrau Maria,
gelitten unter Pontius Pilatus,
 gekreuzigt, gestorben und begraben,
hinabgestiegen in das Reich des Todes,
am dritten Tage auferstanden von den Toten,
aufgefahren in den Himmel;
er sitzt zur Rechten Gottes,
des allmächtigen Vaters;
von dort wird er kommen,
zu richten die Lebenden und die Toten.

Ich glaube an den Heiligen Geist,
die heilige, christliche Kirche,
Gemeinschaft der Heiligen,
Vergebung der Sünden,
Auferstehung der Toten,
und das ewige Leben.
Amen.

seit dem 4. Jahrhundert n. Chr.

DAS VATERUNSER

Das Vaterunser stammt von Jesus. Als die Jünger fragten, wie sie beten sollten, hat er es ihnen vorgesprochen. Es ist kurz, enthält nur 63 Worte und umfasst doch das ganze Leben.

Das Vaterunser verbindet alle Christen: evangelische und katholische, orthodoxe und anglikanische – auch wenn der Wortlaut manchmal etwas verändert ist. So beginnen reformierte Christen: »Unser Vater im Himmel«.

Jesus hat das Vaterunser ursprünglich aramäisch gesprochen, in der Bibel ist es griechisch überliefert, heute wird es in allen Sprachen der Welt gebetet.

Vater unser im Himmel.
Geheiligt werde dein Name.
Dein Reich komme.
Dein Wille geschehe,
wie im Himmel so auf Erden.
Unser tägliches Brot gib uns heute.
Und vergib uns unsere Schuld,
wie auch wir vergeben unseren Schuldigern.
Und führe uns nicht in Versuchung,
sondern erlöse uns von dem Bösen.
Denn dein ist das Reich
und die Kraft
und die Herrlichkeit
in Ewigkeit. Amen.

Matthäus 6,9–13

DIE ZEHN GEBOTE

Für Juden und Christen sind die Zehn Gebote der Bibel bis heute eine Richtschnur für ein verantwortliches Leben in der Gesellschaft. Die Zehn Gebote haben unsere Kultur geprägt. Thomas Mann hat die Gebote als »Grundweisung und Fels des Menschenanstandes unter den Völkern der Erde« bezeichnet. Sie sind so etwas wie Grenzlinien, die die menschliche Gesellschaft vor der Unmenschlichkeit schützen.

Von Juden und Christen und in den verschiedenen Konfessionen werden die Zehn Gebote zum Teil unterschiedlich gezählt. Die folgende Fassung folgt der biblischen Zählweise.

1. Ich bin der Herr, dein Gott.
   Du sollst keine anderen Götter haben neben mir.
2. Du sollst dir kein Gottesbild machen,
   das du anbetest und dem du dienst.
3. Du sollst den Namen des Herrn,
   deines Gottes, nicht missbrauchen.
4. Du sollst den Feiertag heiligen.
5. Du sollst deinen Vater und deine Mutter ehren,
   auf dass es dir wohl ergehe
   und du lange lebest auf Erden.
6. Du sollst nicht töten.
7. Du sollst nicht ehebrechen.
8. Du sollst nicht stehlen.
9. Du sollst nicht falsch Zeugnis reden
   wider deinen Nächsten.
10. Du sollst nicht begehren,
    was deinem Nächsten gehört.

2. Mose 20,2–17

Kann man auch ohne Kirche Christ sein?

KANN MAN AUCH OHNE KIRCHE CHRIST SEIN?

Theoretisch: ja – praktisch: kaum!
Einerseits gehört es zu den protestantischen Grund-
überzeugungen, dass es auf den persönlichen Glauben
ankommt und nicht auf das Befolgen kirchlicher
Riten und Vorstellungen. Dabei mag man auf Martin
Luther verweisen, der sich gegen die offizielle
Kirche auf die Bibel und sein Gewissen berief und zu
Recht behauptete, dass Päpste und Konzilien auch
immer wieder geirrt hätten. Der alten katholischen
Auffassung, außerhalb der Kirche gebe es kein Heil,
wird man darum mit gutem Grund widersprechen
können.

Andererseits gilt aber auch: Ohne die Kirche wäre kei-
ner Christ geworden. Ohne die Kirche wäre man nicht
getauft worden, hätte keine biblischen Geschichten
gehört, nichts von Jesus erfahren, kein Ostern und
kein Weihnachten feiern können. Ohne die Kirche
würde es die christliche Kultur und Tradition nicht
geben, aus der jeder Christ schöpft, auch wenn er
nicht regelmäßig zum Gottesdienst geht. Die Kirche
hält den »religiösen Betrieb« aufrecht und sorgt

dafür, dass die christliche Botschaft an die nächste Generation weitergegeben wird.

Der Glaube ist keine rein private Angelegenheit, er braucht Gemeinschaft. Ohne das Gespräch mit anderen Christen, ohne Predigt, ohne gemeinsames Vaterunser und gemeinschaftliches Singen trocknet der eigene Glaube langsam aus. Wer mit seinen Gedanken über Gott und die Welt nur mit sich selbst allein ist, dreht sich immer nur im Kreise. Wohin soll man mit seinem Dank, seinem Lob? Man möchte sich doch mal mitteilen, mal hören, wie andere dies und das sehen; man möchte sich aus dem Glauben heraus sozial engagieren, mit anderen zusammen die christlichen Feste feiern. Wer den Kontakt zu Mitchristen verliert, kann in seinem Glauben schnell vereinsamen. Er hat niemanden mehr, der ihm Mut macht, wenn Fragen kommen.

Gewiss, der eigene Glaube ist etwas Persönliches und Individuelles, man kann weder die Kirche für sich glauben lassen noch seinen Glauben an die Kirche abtreten. Gottseidank kann heute jeder selbst bestimmen, wie viel Nähe oder Distanz er zur Kirche haben will.

Die Kirche verlangt keine hundertprozentige Beteiligung und sie hat auch nicht das Recht, meinen persönlichen Glauben zu bewerten oder zu beurteilen. Sie hat gelernt, den Freiheitsvorbehalt, den jeder für sich in Anspruch nimmt, zu respektieren. Doch ohne jede Anbindung an eine Kirche oder christliche Gemeinschaft kann der eigene Glaube kaum dauerhaft überleben, wahrscheinlich wird er sich verflüchtigen.

Kirche und Religion – ABC

Abendmahl

Das Abendmahl geht auf die letzte Mahlzeit Jesu vor seinem Tod zurück. Dabei deutete Jesus Brot und Wein als Zeichen seines bevorstehenden Todes und versprach seinen Jüngern, auch in Zukunft bei der gemeinsamen Feier des Abendmahls selbst unter ihnen zu sein. Zuerst feierten die Christen das Abendmahl als eine richtige Mahlzeit. Daraus wurde mit der Zeit eine gottesdienstliche Feier, die in der katholischen Kirche »Eucharistie« (= Danksagung) genannt wird.

Zwischen Evangelischer und Katholischer Kirche gibt es Differenzen im Verständnis des Abendmahls, die eine Abendmahlsgemeinschaft beider Kirchen bis heute verhindern. Nach katholischem Verständnis kann das Abendmahl nur durch einen geweihten Priester vollzogen werden, nicht-katholische Christen können nur in streng geregelten Ausnahmefällen am katholischen Abendmahl teilnehmen.

Die Evangelische Kirche kennt diese Einschränkung nicht, sie lädt Christen unabhängig von ihrer Konfession zum Abendmahl ein. Kinder können in der Evangelischen Kirche in Begleitung Erwachsener am Abendmahl teilnehmen, mit der Konfirmation können sie selbstständig zum Abendmahl gehen.

Bibel

Das Wort »Bibel« stammt aus der griechischen Sprache und bedeutet »Bücher« (biblia). Denn die Bibel ist eine Sammlung von 66 Einzelschriften, 39 aus dem Alten und 27 aus dem Neuen Testament. Sie sind insgesamt in einem Zeitraum von 1000 Jahren (900 v. Chr. bis 100 n. Chr.) entstanden.

Die Bibel ist von Menschen geschrieben worden, die ihre Erfahrungen mit Gott zunächst mündlich weitergegeben haben, bevor sie dann nach und nach schriftlich festgehalten wurden.
Im Alten Testament (AT) haben jüdische Gelehrte ab dem 5. Jahrhundert v. Chr. die heiligen Schriften gesammelt, bearbeitet und zu einzelnen Büchern zusammengestellt.
Die frühesten Schriften des Neuen Testaments (NT) sind die Briefe des Apostels Paulus. Die Worte Jesu und die Berichte über sein Wirken sind auch zuerst

mündlich weitererzählt worden, bis Markus sie um das Jahr 70 herum als erster in einem Evangelium zusammengestellt hat.

Die Bibel ist das meist übersetzte und meist verbreitete Buch der Welt. »Sie ist ein geistiges Weltkulturerbe, das Menschen und Gesellschaften zukunftsfähig macht« (EKD). Ohne Kenntnis der Bibel können wir unsere Kultur und Geschichte, aber auch Literatur, Musik und Künste nicht wirklich verstehen.

Mit Luthers Bibelübersetzung aus dem 16. Jahrhundert beginnt die moderne deutsche Sprache. Figuren und Erzählungen der Bibel begegnen bis heute in Politik, Film, Werbung und Alltagssprache.

Empfehlenswerte Bibelübersetzungen sind die sprachlich unerreichte Lutherbibel, die Zürcher Bibel, die ökumenische Einheitsübersetzung oder die Gute Nachricht Bibel.

Diakonie

Die Diakonie (von diakonia = Dienst) ist die Sozialarbeit der Evangelischen Kirchen (Das katholische Pendant ist die Caritas). Diakonie ist vor allem Dienst an den Menschen, die der Hilfe bedürfen – ohne Anse-

hen von Religion, kultureller Herkunft oder politischer Überzeugung. Täglich kümmern sich bei der Diakonie etwa 450.000 hauptamtliche Beschäftigte, fast ebenso viele ehrenamtliche Mitarbeitende und viele PraktikantInnen um mehrere Millionen Menschen in Kindertagesstätten, Krankenhäusern, Altenzentren, Jugendzentren und Hospizgruppen, in der Ausländer- und Flüchtlingsarbeit, in Beratungsstellen und bei der Bahnhofsmission.

EKD

Die Evangelische Kirche in Deutschland (= EKD) ist der Zusammenschluss von 20 selbstständigen Landeskirchen (z.B. Westfalen, Hessen-Nassau, Hannover).

Die EKD fördert gemeinsame Projekte und Anliegen der Evangelischen Kirche, vertritt die Landeskirchen in allen rechtlichen und öffentlichen Fragen gegenüber der Bundesregierung und der EU und vertritt evangelische Positionen zu wichtigen gesellschaftspolitischen Fragen. Ein jeweils auf sechs Jahre gewählter Rat (15 Mitglieder) steht an der Spitze der EKD. Ihren Sitz hat die EKD in Hannover.

Freikirchen

Baptisten, Methodisten, Mennoniten, Quäker oder die
Heilsarmee gehören nicht zu den Sekten, sondern
sind Freikirchen, die sich hauptsächlich durch freiwilli-
ge Beiträge ihrer Mitglieder finanzieren. Sie wollen
frei sein von jeder rechtlichen Bindung an den Staat,

lehnen die Kirchensteuer ab und fordern von den Mitgliedern eine bewusste Glaubensentscheidung. In den wesentlichen Punkten des christlichen Glaubens gibt es zwischen den Freikirchen und den evangelischen Landeskirchen keine Unterschiede. Die Freikirchen verstehen sich selbst als evangelische Kirchen.

Gemeinde

Alle evangelischen Christen gehören in der Regel zu einer Gemeinde an ihrem Wohnort. Die Gemeinden können unterschiedlich groß sein, nur einen oder mehrere Pfarrbezirke umfassend. Innerhalb der EKD gibt es mehr als 15.000 Kirchengemeinden. Sie sind selbstständig und werden zusammen mit der Pfarrerin oder dem Pfarrer von einem auf Zeit gewählten Kirchenvorstand bzw. Presbyterium geleitet.

Die Gemeinde ist für die kirchliche Arbeit vor Ort zuständig: für die Gottesdienste und die Kirchenmusik, für die Konfirmanden- und die Jugendarbeit, für die Amtshandlungen und für eine Vielzahl weiterer gemeindlicher Angebote.

Gottesdienst

Jeden Sonntagmorgen laden die Glocken zum Gottesdienst. Etwa drei Millionen evangelische und katholische Christen gehen in Deutschland jede Woche.
An manchen Feiertagen, z.B. Erntedank oder Heiligabend, sind es wesentlich mehr.

In jedem Gottesdienst kommen Lieder, Gebete, Bibel-
lesung, Glaubensbekenntnis, Predigt, Vaterunser
und Segen vor, oft auch Abendmahl und Taufe. Eine
starre Ordnung hat der Gottesdienst aber nicht.
Es gibt auch Jugend- und Familiengottesdienste,
Kinder- und Schulgottesdienste. Der Gottesdienst
ist kein kirchliches Showprogramm, er lebt von
der Beteiligung vieler. In der evangelischen Kirche
liegt die Verantwortung für den Gottesdienst beim
Kirchenvorstand bzw. Presbyterium.

Kirchenmitgliedschaft

Kirchenmitglied wird man durch die Taufe in einer
evangelischen Kirchengemeinde. Fand die Taufe in
einer anderen Konfession statt, so ist die Aufnahme
in die Evangelische Kirche Voraussetzung für die
Kirchenmitgliedschaft. Die Kirchenmitgliedschaft
besteht zur Kirchengemeinde, zur Landeskirche und

zur EKD. Zieht ein Kirchenmitglied in das Gebiet einer anderen Landeskirche, wird es dort Mitglied.

Kirchenmitglieder haben Anspruch auf alle Dienste der Kirche, z.B. auf Taufe, Konfirmation, Trauung, Bestattung und alle weiteren kirchlichen Angebote. Sie können mit entsprechendem Alter bei der Besetzung kirchlicher Ämter (z.B. Kirchenvorstand bzw. Presbyterium) das aktive und passive Wahlrecht wahrnehmen und auch das Patenamt übernehmen. In der Regel ist die Kirchenmitgliedschaft auch eine Voraussetzung für die Übernahme eines kirchlichen Amtes oder für eine Beschäftigung in der Kirche.

Kirchensteuer

Die Kirchensteuer beträgt zurzeit, je nach Bundesland, acht oder neun Prozent der Lohn- oder Einkommensteuer. Für den Einzug erhält der Staat eine Gebühr in Höhe von drei bis vier Prozent des Steueraufkommens – dies ist weitaus günstiger als ein eigenes kirchliches Erhebungssystem. Mit der Kirchensteuer finanzieren die Kirchenmitglieder, die über ein eigenes Einkommen verfügen, die vielfältigen Aufgaben und Leistungen der Kirche. Die Kirchensteuer darf nur für kirchliche Aufgaben verwendet werden.

Konfirmation

Die Konfirmation findet in der Regel im Alter von 14 oder 15 Jahren statt. Die Jugendlichen bekennen bei der Konfirmation mit der Gemeinde ihren christlichen Glauben, feiern zusammen mit Eltern und Paten das Abendmahl und bekommen für ihren weiteren Lebensweg ein persönlich zugesprochenes Bibelwort (Konfirmationsspruch), das sie sich meist selbst ausgesucht haben.

Mit der Konfirmation erhalten die Jugendlichen kirchliche Rechte: Sie können das Patenamt übernehmen, dürfen in Notfällen selber taufen und können (meist ab 16) den Kirchenvorstand wählen.

Die Konfirmation bildet den Abschluss einer ein- bis zweijährigen Unterrichtszeit, in der die Jugendlichen für sich herausfinden können, was der christliche Glaube mit ihrem Leben zu tun hat.

Immer noch nehmen gut 90 Prozent der evangelischen Jugendlichen in den westlichen Landeskirchen an der Konfirmation teil, in den östlichen Landeskirchen und in einigen Großstädten ist die Zahl jedoch deutlich geringer.

Ökumene

Mit Ökumene (griech. = die gesamte bewohnte Erde)
wird heute die Zusammenarbeit zwischen den einzelnen christlichen Kirchen bezeichnet. Der Ökumenische
Rat der Kirchen (ÖRK.) wurde 1948 in Amsterdam
gegründet. Er repräsentiert mit seinen 349 Mitglieds-
kirchen zurzeit rund 560 Millionen Christen in mehr
als 110 Ländern und hat seinen Sitz in Genf. Zum Öku-
menischen Rat der Kirchen gehören weltweit fast alle

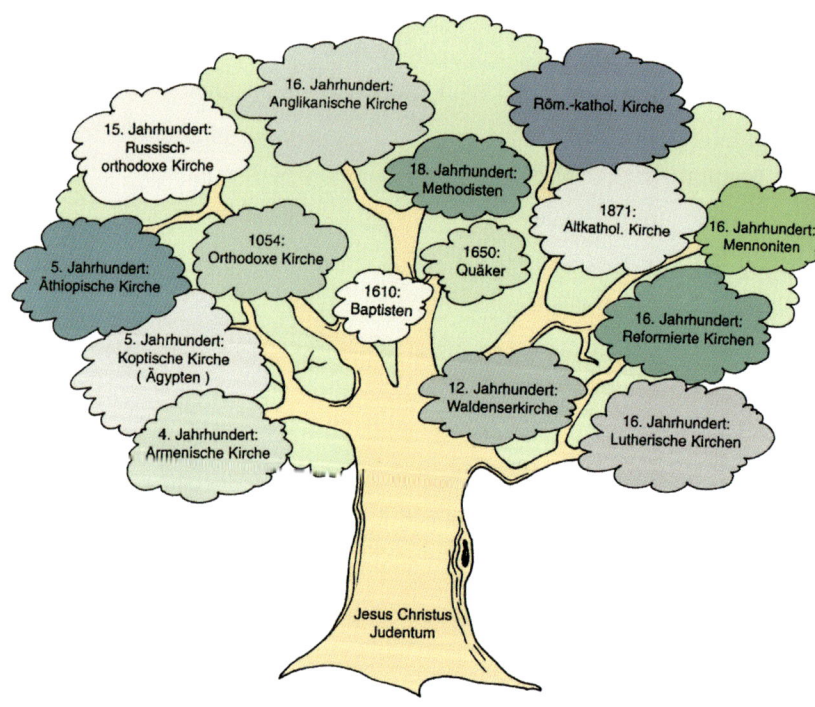

protestantischen und die meisten orthodoxen Kirchen – nicht aber die römisch-katholische Kirche, die aber in vielen Fragen mit dem *ÖRK* zusammenarbeitet.

Pate

Das Wort »Pate« stammt vom lateinischen pater spiritualis, dem »geistlichen Vater«. Bei der Taufe versprechen die Paten, ebenso wie die Eltern für die christliche Erziehung des Kindes zu sorgen. Darum soll mindestens einer der Taufpaten Mitglied der evangelischen Kirche sein, weitere Paten müssen einer der christlichen Kirche angehören. Können trotz aller Bemühungen keine Paten gefunden werden, stellt dies letztlich aber kein Taufhindernis dar.

Das Patenamt kann nicht rückgängig gemacht werden. Üblicherweise endet das Patenamt mit der Konfirmation, mit der Jugendliche ihre Religionsmündigkeit erlangen (Erwachsene, die sich taufen lassen, brauchen daher auch keine Paten). Mit der Konfirmation erhalten die Konfirmanden ihrerseits das Recht, selbst das Patenamt zu übernehmen.

Pfarrer

Nach evangelischem Verständnis unterscheiden sich eine Pfarrerin oder ein Pfarrer nicht durch eine besondere Weihe (so ist es in der katholischen Kirche) von den anderen Gemeindegliedern.
Vielmehr haben alle getauften Christen grundsätzlich dieselbe Würde und Vollmacht, das Evangelium in Wort und Tat weiterzugeben (»Allgemeines Priestertum aller Gläubigen«).

Pfarrer haben lediglich eine besondere Ausbildung. Mit der »Ordination« wird ihnen das öffentliche Amt der Verkündigung übertragen. Durch die Berufung in ein öffentliches Pfarramt soll sichergestellt werden, dass es in jeder Gemeinde eine Person gibt, die für alle wichtigen geistlichen Fragen zuständig, zuverlässig erreichbar und professionell ausgebildet ist.

Erst seit Mitte der 60er Jahre werden in der Evangelischen Kirche in Deutschland Frauen ordiniert und ins Pfarramt berufen. Mittlerweile gibt es viele Pfarrerinnen und auch mehrere Bischöfinnen.

Bisher ist keine menschliche Gesellschaft bekannt, die ohne Religion existiert hätte. Als religiös bezeichnen wir Erfahrungen und Überzeugungen, die unser Leben letztgültig bestimmen und die zugleich über dieses Leben hinausweisen: »Religion ist das Ergriffensein von dem, was uns unbedingt angeht« (P. Tillich).

Im Einzelnen gibt es sehr verschiedene Religionen. Die größte Religion ist heute das Christentum mit mehr als 2,5 Milliarden Menschen. Im Laufe seiner Geschichte hat sich das Christentum in zahlreiche Konfessionen aufgespalten. Mit über einer Milliarde Gläubiger ist die römisch-katholische Kirche am größten, gefolgt von den Protestanten, zu denen etwa 500 Millionen Menschen gehören. Das Christentum ist heute die am stärksten wachsende Religion – nicht in Europa, aber vor allem in Asien und Afrika.

Das Judentum ist die kleinste der heutigen Weltreligionen. Weltweit gehören rund 18 Millionen Menschen zum Judentum, davon mehr als 5 Millionen in Israel. Wie Christen und Juden glauben auch die Muslime an *einen* Gott (Monotheismus). Etwa 1,7 Milliarden Menschen bekennen sich derzeit zum Islam. Hinduismus und Buddhismus sind die asiatischen Weltreligionen. Während sich der Hinduismus, zu dem etwa 1 Milliarde Menschen gehören, weitgehend auf Indien beschränkt, hat der Buddhismus mit seinen 450 Millionen Gläubigen über Ostasien hinaus auch im Westen vereinzelt Interesse gefunden.

Sekte

Die Zeugen Jehovas, die Mormonen oder die Neu-apostolische Kirche gehören zu den Sekten, die sich von der christlichen Kirche abgespaltet haben. Meist steht bei ihnen ein einziges Thema im Mittelpunkt, etwa das Bewusstsein, am Ende der Zeiten zu leben, oder der Glaube, die einzig vollkommene Gemein-schaft zu sein. Sekten erheben den Anspruch, den ein-zigen Weg zur Rettung der Welt zu wissen. Sie sind oft auf eine autoritäre Führungsperson oder -gruppe zugeschnitten, die den Alltag der Mitglieder streng reglementiert. Kritik ist in der Regel nicht erlaubt.

Die Gemeinschaft mit anderen Kirchen lehnen Sekten meist ab. Deswegen ist eine gleichzeitige Mitglied-schaft in der Kirche und in einer Sekte nicht möglich. Zu den klassischen Sekten sind in den letzten Jahr-hunderten Psychosekten hinzugekommen, wie etwa die umstrittene Scientology Church, die Psychotech-niken zur Lebensbewältigung anbietet.

Taufe

Mit der Taufe wird man Mitglied in der Kirche. Diese
Regel gilt in allen christlichen Kirchen. In den Anfän-
gen des Christentums waren es Erwachsene, die sich
taufen ließen; aber schon bald wurden auch Kinder
getauft, um zu zeigen, dass Gottes Liebe nicht von
unserer Einsicht und unserem Glauben abhängt. Denn
die Taufe ist nach christlichem Verständnis Gottes
»Ja« zu einem Menschen – ein Ja, das an keine menschliche Voraussetzung gebunden ist.

Zugleich werden wir durch die Taufe aber auch mit
dem gekreuzigten und auferstandenen Jesus Christus
verbunden. Deswegen wird ein Täufling mit dem
Kreuz gezeichnet und mit Wasser getauft. Er gehört
nun zu Jesus – der Anfang eines neuen Lebens.
In fast allen christlichen Kirchen (Ausnahme: Baptisten)
ist heute die Kindertaufe verbreitet. Meistens wird
dabei dreimal Wasser über den Kopf des Kindes gegos-
sen, in der orthodoxen Kirche und bei den Baptisten
wird der Täufling jedoch ganz untergetaucht.
Wer einmal getauft ist, braucht, wenn er die Konfession wechselt, nicht »wiedergetauft« zu werden. Die
Taufe ist einmalig, sie gilt in allen christlichen Kirchen
und wird auch durch einen eventuellen Kirchenaustritt
nicht rückgängig gemacht.

Trauung

Die kirchliche Trauung gibt es erst seit dem späten Mittelalter. In der Evangelischen Kirche ist sie kein Sakrament wie in der Katholischen Kirche, sondern ein feierlicher Gottesdienst anlässlich der Eheschließung eines Brautpaares. Zur kirchlichen Trauung gehören die Traupredigt über einen meist vom Brautpaar ausgewählten Bibelvers, das gegenseitige Ja-Wort des Brautpaares vor der Gemeinde, das Wechseln der Trauringe, die Fürbitte und der Segen für das Brautpaar. In der Praxis spielt meist auch die musikalische Ausgestaltung des Traugottesdienstes eine große Rolle.

Bei der Hochzeit eines evangelischen mit einem katholischen Partner wird häufig eine ökumenische Trauung gefeiert. Die kirchliche Trauung ist kein juristischer, sondern ein gottesdienstlicher Akt. Seit 1875 gilt in Deutschland die Zivilehe.

Feste und Feiertage

Advent

»Alles hat seine Zeit – Advent ist im Dezember« heißt
eine Initiative der Evangelischen Kirche. Angesichts
der kommerziellen Ausweitung des Weihnachtsge-
schäfts will sie daran erinnern, das die Adventszeit
ursprünglich eine Zeit der Ruhe und Einkehr ist. Advent
ist eine Zeit voller Bräuche: Adventskranz, Advents-
kalender, Adventslieder, Adventsgebäck ... Mit dem
1. Advent beginnt jeweils das neue Kirchenjahr.

Weihnachten

Am 25.12. feiern evangelische und katholische Christen die Geburt von Jesus Christus (Orthodoxe Christen
feiern am 6.1.). Richtig voll sind die Kirchen aber
schon einen Tag vorher. Der Heiligabend ist zum
Haupttag des Weihnachtsfestes geworden – vor allem
natürlich wegen der »Bescherung«.

Weihnachten ist übrigens ein relativ junges Fest. Erst
seit dem 4. Jahrhundert hat sich die Feier des Weihnachtsfestes durchgesetzt – vermutlich um so das
ebenfalls am 25.12. gefeierte Fest des römischen Son-
nengottes zu verdrängen.

Karfreitag

Am Karfreitag denken die Christen an die Kreuzigung und an den Tod Jesu. Zum Gottesdienst wird nicht geläutet, in der Kirche stehen keine Kerzen und Blumen auf dem Altar. In der Öffentlichkeit ist Karfreitag ein besonders geschützter Feiertag, an dem z.B. öffentliche Sport- und Tanzveranstaltungen weitgehend verboten sind.

Ostern

Ostern, das Fest der Auferstehung Jesu, ist der höchste Feiertag in der Kirche. Das sieht man auch daran, dass die Termine anderer kirchlicher Feiertage von Ostern abhängen: 40 Tage vor Ostern beginnt die Passionszeit, 40 Tage nach Ostern ist der Himmelfahrtstag und 10 Tage später wird Pfingsten gefeiert. Der Ostertermin selbst liegt immer auf dem 1. Sonntag nach dem ersten Frühjahrsvollmond.

Die ersten Christen kannten noch kein eigenes Osterfest, sondern feierten die Auferstehung Jesu an jedem Sonntag – aber ohne Osterhase und Ostereier.

Christi Himmelfahrt

Himmelfahrt fällt immer auf einen Donnerstag, 40 Tage nach Ostern und 10 Tage vor Pfingsten. In vielen Gemeinden wird der Gottesdienst an diesem Tag im »Freien« oder »Grünen« gefeiert.

Pfingsten

Die Apostelgesichte erzählt, was sich 50 Tage nach Ostern (Pfingsten = griech. »der fünfzigste Tag«) ereignete: Unter dem Einfluss des Heiligen Geistes beginnen die Jünger Jesu allen Menschen, die sich aus vielen Ländern zum jüdischen Wochenfest in Jerusalem versammelt haben, von Jesus zu erzählen. Die Kirche feiert Pfingsten daher ihren Geburtstag.

Erntedankfest

Am ersten Sonntag im Oktober wird in den evangelischen Kirchen das Erntedankfest gefeiert. In der Kirche wird der Altar mit Früchten und Lebensmitteln geschmückt, die nach dem Gottesdienst in der Regel einer Armenküche gespendet werden.

Reformationsfest

Am 31.10.1517 veröffentlichte Martin Luther 95 Thesen zur Erneuerung der damaligen Kirche. Damit begann die Reformation. Seit dem 17. Jahrhundert feiern evangelische Christen weltweit diesen Tag mit Gottesdiensten. Ein staatlicher Feiertag ist dieser Tag nur in den fünf östlichen Bundesländern.

Totensonntag

An diesem Sonntag, dem letzten des Kirchenjahres, gedenken evangelische Christen ihrer Toten (ähnlich wie katholische Christen am Allerseelentag am 2.11.). In den Gottesdiensten werden die Namen der im letzten Jahr verstorbenen Gemeindeglieder vorgelesen. Familienangehörige besuchen und schmücken auf den Friedhöfen die Gräber.

Literaturhinweise

T. Kaufmann, Die Reformation. 100 Seiten (Reclam).
Stuttgart 2016

B. Lang, Die 101 wichtigsten Fragen. Die Bibel.
München 2013

M. Meyer-Blanck / J. Gerhardt, Evangelischer Taschen-
katechismus. Rheinbach 2013

B. Moeller, Geschichte des Christentums in Grund-
zügen. Göttingen 2008

K. Nowak, Das Christentum (Beck Wissen).
München 2009

J. Roloff, Jesus (Beck Wissen). München 2012

Bild- und Textnachweis

19   © Zoonar GmbH, Hamburg

31   © Sarah Trapp

37   © Andreas Große

43   © lucernarios.net

49   © bocux – pixabay

55   © kamerad film Düsseldorf, Sven Stausberg

61   © Fotografie Glahs, Dortmund

67   © Thomanerchor, SINNergy Leipzig,
      Roman Friedrich

85   © Hans – pixabay

87   © gezählt. Zahlen und Fakten zum kirchlichen
      Leben. EKD-Statistik Broschüre 2016, S. 7

92   © Hans-Martin Lübking

14   Lothar Zenetti: Sieben Farben hat das Licht.
      Neue Texte für den einzelnen und die
      Gemeinde, © Verlag J. Pfeiffer München 1974,
      S. 293

20   Carl Zuckmayer, in: P. Neysters, K.H. Schmidt:
      Denn sie werden getröstet werden,
      © Kösel Verlag München 2004

32   Jörg Zink, © Verlag am Eschbach